ANALIZA KSIĄŻKI

AF132010

Piana na marzeniach

• • • • • • • • • • • • • • • • • • •

Borys Vian

ANALIZA KSIĄŻKI

Napisany przez Catherine Bourguignon
Przetłumaczony przez Kâmil Kowalski

Piana na marzeniach

BORYS VIAN

BORYS VIAN

PISARZ FRANCUSKI

- **Urodzony w Ville-d'Avray w 1920 r.**

- **Zmarł w Paryżu w 1959 r.**

- **Godne uwagi prace:**

  - *Pluję na wasze groby* (1946), powieść

  - *Piana na dnie* (1947), powieść

  - *Heartsnatcher* (1953), powieść

Francuski pisarz Boris Vian (1920-1959) pozostawił po sobie bardzo różnorodny dorobek: powieści, wiersze, piosenki, komedie, teatralne wersje powieści, scenariusze.

Jego słynna pierwsza powieść, Pluję na wasze groby (opublikowana w 1946 roku pod pseudonimem Vernon Sullivan), była prawdziwym bestsellerem, dopóki nie został zdelegalizowany w 1947 roku i skazany za niemoralność. W tym samym roku opublikował w Pekinie Daydream and Floss in Autumn. Hearts Natcher został później wydany w 1953 roku.

Boris Vian zmarł w wieku 39 lat. Jego prowokacyjne tendencje doprowadziły do dalszego sukcesu jego twórczości w latach 60-tych i 7-tych. Wiecznie nowoczesny, jego teksty są ponadczasowe. Przede wszystkim jego twórczość językowa wywarła wielki wpływ na literaturę francuską.

PIANA NA MARZENIACH

TRAGICZNA HISTORIA MIŁOSNA

- **Gatunek:** Powieść

- **Wydanie referencyjne:** Vian, B. (1963) *L'Écume des jours.* Paris: Union Générale des Éditeurs.

- **Pierwsze wydanie:** 1947

- **Tematy:** miłość, jazz, surrealizm, egzystencjalizm, szczęście, śmierć

Opublikowana w 1947 roku, The Daydream Bubble jest najsłynniejszą powieścią Borisa Viana, ale nie poświęcono jej zbyt wiele uwagi w momencie jej publikacji. Historia miłosna z tragicznym zakończeniem. Akcja powieści toczy się w świecie rządzącym się surrealistycznymi prawami, a Vian bawi się językiem, by ustawić to środowisko. Na każdej stronie i prawie w każdym wierszu przedstawia czytelnikowi kalambury i mistyfikacje. Napisana w następstwie II wojny światowej powieść wpisuje się w charakterystyczne dla tego okresu odnowienie gatunku romansu, skupiającego się raczej na pisaniu niż opisywaniu rzeczywistości.

PODSUMOWANIE

SPOTKANIE

Młodego rentiera, Colina, odwiedza w jego mieszkaniu przyjaciel Chick i przedstawia mu Nicolasa, swojego nowego kucharza. Colin pokazuje mu swój nowy wynalazek, "pianocktail", który przygotowuje koktajle zgodnie z granymi melodiami. Chick opowiada Colinowi o swoim spotkaniu z Alise na wykładzie Jean-Sol Partre: okazuje się, że jest ona siostrzenicą Nicolasa. Colin, podobnie jak Chick, nie chce niczego więcej niż się zakochać.

Kiedy Chick, Alice i Colin byli na lodowisku, dwa wypadki spowodowały wiele ofiar śmiertelnych, ale nic niezwykłego. Colin poznaje swoją dziewczynę Isis, która zaprasza go na przyjęcie urodzinowe swojego pudla w przyszłym tygodniu. Colin spotyka Chloe na przyjęciu, na którym Nicolas uczy go tańczyć.

Kiedy Chick spożywa posiłek w domu Colina, Colin wyjawia, że chciałby ponownie zobaczyć Chloé: Chick tymczasem ponownie mówi o swojej pasji do Jean-Sol Partre. Kiedy Nicolas przynosi ciasto, ich życzenia zostają spełnione: w nim Colin odkrywa randkę z Chloé, a Chick znajduje książkę Partre. Podczas randki, Colin i Chloé całują się.

Kiedy Chloe wyjeżdża na południe Francji, Colin zaprasza Chicka i Alice do swojego domu, gdzie ogłasza swoje małżeństwo z młodą kobietą i prosi przyjaciół o poślubienie Alice, aby mógł dalej zbierać dzieła Jean-Sol Partre.

Kościół jest udekorowany na ślub i wszystko jest na swoim miejscu: "druhny", "zakonnicy", "beadle-big" i "swish", Chloé, Alise, Isis i wreszcie Colin i Chick. Odbywa się ceremonia religijna. Jest to wielka sprawa i nowożeńcy są szczęśliwi, ale na wyjście, Chloé kaszle, znak jej nadchodzącej choroby. Ona i Colin natychmiast wyjeżdżają w podróż poślubną, a na drodze krzyżują się z robotnikami z kopalni miedzi. To przyciąga ich uwagę: Colin uważa, że mężczyźni pracują, bo zostali przekonani, że takie zajęcie jest interesujące, ale on uważa to za głupotę, bo sam nigdy nie musiał pracować na życie. Docierają do hotelu. Okno w pokoju jest wybite i Chloé się przeziębia.

CHOROBA

Tymczasem Isis, Alice i Chick uczestniczą w wykładzie Jeana-Sola Partre'a. Alice informuje ich, że Chloe jest chora i nowożeńcy wrócą przed terminem. Mówca przybywa na słoniu i przedziera się przez tłum ze strażnikiem uzbrojonym w topór. Widzowie zostają zabici. Paltre śmieje się, gdy zawala się dach sali.

Colin i Chloe, wracający z miesiąca miodowego, uważają, że ich mieszkanie jest mniej jasne niż kiedyś. Młody człowiek zaczyna się niepokoić, gdy odkrywa, że jego majątek już znacznie się skurczył. Niemniej jednak szóstka przyjaciół lubi się spotykać i spędzać razem popołudnie. Kobiety idą na zakupy przed dołączeniem do mężczyzn na lodowisku. Ale na lodowisku Colin odbiera telefon. Chloé zemdlała. Pędzi do domu i znajduje ją leżącą w swoim łóżku.

Postanawia wezwać lekarza, ale po przybyciu Nicolas wyrzuca go z domu, bo uważa go za idiotę. Radzi doktorowi Colinowi, aby po przybyciu na miejsce skonsultował się z każdym, kto zauważył dziwny hałas w prawym płucu młodej kobiety. Jednak woli poczekać na diagnozę i zaprasza Chloe do swojego gabinetu na pełne badanie fizykalne. Aby pocieszyć Colina, pokazuje mu zdjęcie jego żony. Colin wydaje się uśmiechać, jak wszyscy, którzy widzieli to zdjęcie.

Kilka dni później Colin i Chloé są w domu. Chloé zgadza się na leczenie pod warunkiem, że będą się kochać, po czym udają się na badania do doktora Mangemanche. Diagnoza zostaje postawiona: Chloé ma w prawym płucu lilię wodną. Musi wdychać kwiaty i nie może pić więcej niż jedną łyżeczkę wody dziennie.

Podczas gdy Colin i Chick idą do apteki, aby kupić lekarstwa dla Chloé, Chick wyznaje przyjacielowi, że wydał prawie wszystkie pieniądze, które otrzymał na zakup książek Jean-Sol Partre i nie zostało mu wystarczająco dużo pieniędzy na ślub z Alise.

Stopniowo w mieszkaniu robi się coraz ciemniej: pokoje się skurczyły, a Nicolas jakby się postarzał. Chloé odwiedza Alise, która rozmawia z przyjaciółką o pasji Chicka do Jean-Sol Partre: ona kocha Chicka, ale on chyba woli swoje książki. Colin, który jest daleko, szuka pracy, aby zapewnić potrzeby Chloé: musi ona być stale otoczona kwiatami i musi kontynuować leczenie, które jest niezwykle bolesne, podczas gdy pieniądze młodego dożywotnika kończą się. Ponadto wujek, który dawał pieniądze Colinowi, nie żyje, a on sam wciąż szuka pracy. Napotykając na kolejną odmowę, sprzedaje "pianocktail". Mieszkanie stało się bardziej sfatygowane, a mysz, która mieszka w korytarzu, jest coraz bardziej zimna. Colin prosi Nicolasa, by pracował gdzie indziej: nie stać go już na płacenie mu.

Potwierdzając myśli Alise, Chick zatrzymuje się w księgarni w drodze do domu Colina, gdzie, pokonany przez swoją obsesję na punkcie Partre, nie może powstrzymać się od kupienia spodni i fajki, które rzekomo należały do autora. Tymczasem Chloé wyjeżdża w góry, by poddać się opiece i operacji. Ale po powrocie rozumie, że pomimo usunięcia lilii wodnej, straciła również prawe płuco. Jak mówi jej doktor Mangemanche, byłoby źle, gdyby jej lewe płuco również zostało zainfekowane.

Mieszkanie nowożeńców wciąż się pogarsza. Isis odwiedza Chloé, której drugie płuco jest teraz dotknięte chorobą. Tymczasem Colin w końcu znajduje pracę: leżąc na lufach broni, pomaga im rosnąć dzięki ciepłu swojego ciała. Ale zamiast nich zaczynają rosnąć kwiaty i zostaje zwolniony. Znajduje jednak inną pracę: jest strażnikiem rezerwatu złota, odpowiedzialnym za badanie terenu i krzyczącym za każdym razem, gdy widzi złodzieja.

ŚMIERĆ CHICKA I ALISE

Maszyna psuje się w fabryce, w której pracuje Chick, zabijając czterech pracowników. Zanim Chick miał czas iść na spotkanie z szefem, jego grupa robocza osiągała znacznie gorsze wyniki. Zostaje zwolniony i spędza ostatnią wypłatę na nagrywaniu dla Partre.

Kiedy Alise przybywa do domu Colina i Chloé, jest zrozpaczona. Chick ją opuścił: jego miłość do książek była silniejsza, a obsesja na punkcie Partre skończyła się przejęciem kontroli nad jego umysłem. Chick zamknął się w swoim domu, otoczony przez swoje książki i relikwie. Nie zapłacił podatków i kiedy Seneszal i jego sześciu uzbrojonych agentów przybywa, by je odzyskać, Chick zostaje przypadkowo zabity.

W międzyczasie Alise prosi Jeana-Sola Partre'a o zaprzestanie publikowania książki. Gdy ten odmawia, zabija go na miejscu. Następnie odwiedza wszystkie księgarnie, w których Chick kupił książki, niszczy je i podpala księgarnie. Dowiedziawszy się o śmierci Paltre'a, Nicholas zdaje sobie sprawę, że jego siostrzenica jest w to zamieszana i zaczyna jej szukać. Na końcu spalonej księgarni znalazł jej opalizujące włosy, zdaje sobie sprawę, że umarłas

LILIA WODNA

Isis i Nicolas przyjeżdżają do Chloé. Nicholas wie, że Chick i Alice nie żyją, podobnie jak Chloe. Colin wraca do domu z kwiatami. Stał się zwiastunem złych wieści: Musi ostrzec ludzi przed nieszczęściem, które spotka ich następnego dnia. Praca jest bardzo dobrze płatna, ale ludzie nie bardzo go lubią. Pewnego dnia znajduje swoje nazwisko na liście katastrof, które mają zostać ogłoszone. Chloé umiera.

Po śmierci młodej kobiety Colin idzie do księdza, aby zorganizować pogrzeb – ceremonia dla ubogich: jest prawie zrujnowana. Na pogrzebie trumna zostaje wyrzucona przez okno, kierowca konwoju śpiewa na cały głos, nosiciele są brudni, źle ubrani i opróżniają trumnę do grobu.

Widząc lilię wodną wynurzającą się na powierzchnię wody, Colin chce ją zabić: umrze. Tymczasem mysz patrzy na niego i też chce umrzeć: prosi kota, żeby ją zjadł.

STUDIUM POSTACI

COLIN

Oto bohater powieści, bogaty 22-letni młodzieniec. Pieniądze, które ma, oznaczają, że nie musi pracować. Zatrudnił nowego szefa kuchni. Chce się tylko zakochać. Na jednej z imprez poznaje Chloe.

Postać Colina nie została w pełni ujawniona. Kocha łatwe życie, słucha muzyki jazzowej, jest pompatycznym młodzieńcem, który nie lubi pracy, hierarchii, przemocy i trudności w związkach. Jest miły i bardzo hojny (oddaje swojemu przyjacielowi Chickowi ćwierć swojej fortuny, a wszystkie pieniądze przeznacza na Chloe).

W obliczu choroby żony będzie zmuszony do ponownego rozważenia niektórych swoich zasad (np. w obliczu kończących się zasobów będzie musiał pracować i rozstać się ze swoją kucharką).

CHLOÉ

Jest nieco młodsza od mężczyzn. Przyjaciele Isis biorą udział w przyjęciu, które organizuje w dniu urodzin Pudla. Tam spotyka Colina. Delikatna i bardzo wrażliwa młoda kobieta, która nie ma określonego zawodu.

CHICK

Jest on dobrym przyjacielem Colina. Mniej bogaty od niego Chick zmuszony jest pracować jako inżynier i regularnie pożycza pieniądze od wuja. Zafascynowany Jean-Solem Partre'em, w trakcie opowiadania rozwija obsesję na punkcie pisarza: uczęszcza na wszystkie jego wykłady, kupuje sprzęt niezbędny do ich nagrywania i kupuje wszystkie jego książki. Ta mania stopniowo przejmuje kontrolę nad jego umysłem, do tego stopnia, że nie jest już w stanie być w związku z Alise.

ALISE

Alise, kochanka Chicka, jest również młodsza od mężczyzn. Ożywiona zdecydowanym duchem, okazuje się zdecydowana i trzeźwo myśląca. Chce pracować, by pomóc ukochanemu i w końcu zabija Partre'a, by uratować Chicka przed jego obsesją.

NICOLAS

Na początku historii pracuje jako kucharz Colina. Pasjonat swojej sztuki, lubi śledzić przepisy z Królewskiej książki kucharskiej Julesa Guffeta (słynnego francuskiego szefa kuchni i piekarza, 1807-1877) i rozmawiać z Colinem o jego przygotowaniach. W wieku 29 lat wydaje się bardziej dojrzały niż inne postacie w historii i jest kimś w rodzaju autorytetu w grupie.

JEAN-SOL PARTRE

Postać ta nawiązuje do Jean-Paula Sartre'a (1905-1980), francuskiego filozofa i pisarza, współczesnego Borysowi

Vianowi, który rozwinął myśl egzystencjalistyczną (*Byt i nicość,* 1943): dla niego natura ludzka nie istnieje, a świat jest bezsensowny, co oznacza, że człowiek jest całkowicie wolny i musi wymyślić własną drogę; jest więc odpowiedzialny za swoje wybory, zarówno przed samym sobą, jak i przed innymi. Oprócz pism filozoficznych Sartre pozostawił kilka powieści (np. *Mdłości,* 1938) i sztuk teatralnych (np. *Bez wyjścia,* 1944). Wywarł znaczny wpływ na społeczeństwo powojenne. Tutaj przedstawiony jest jako znany autor (sala jest wypełniona podczas jego wykładu) i obiekt obsesji Chicka, który chce posiadać wszystkie jego książki. Idee, które głosi, nie są jednak właściwie opisane.

ANALIZA

ŚWIAT W JĘZYKU

Froth on the Daydream wywarł wpływ na literaturę głównie ze względu na wykreowany w nim surrealistyczny świat. Vian nie tylko zbudował świat odmienny od naszego, ale poszedł jeszcze dalej. Świat, w którym rozwija się Colin i jego przyjaciele, znajduje się poza racjonalnymi prawami, które stanowią fundament naszej rzeczywistości:

- Im bardziej rozwija się choroba Chloé, tym bardziej mieszkanie Colina kurczy się i ciemnieje;

- Colin hoduje lufy karabinów wykorzystując ciepło z brzucha (rozdział 51);

- W płucach Chloé rośnie lilia wodna i aby to przezwyciężyć, musi ona wdychać kwiaty (rozdział 40);

- Wybite szyby leczą się same itp.

Wszystkie te wydarzenia nie odpowiadają naszej logice.

Ten świat opiera się na języku. Vian wykorzystuje dosłowne znaczenie wyrażeń (np. aptekarz "realizuje" receptę za pomocą gilotyny) i wymyśla słowa, przekształcając istniejące ("antiquitaire", co można by przetłumaczyć jako "antykwariusz") lub wymyślając neologizmy na określenie nowych wynalazków (fortepian do mieszania koktajli, wynaleziony przez Colina, nosi nazwę "pianocktail"). U Viana powieść i poezja łączą się.

KRYTYKA PORZĄDKU SPOŁECZNEGO

Narracja jest naznaczona wyraźną odmową porządku społecznego:

- Odmowa pracy. Chick i Colin rzucają wyzwanie społeczeństwu, w którym praca ma fundamentalne znaczenie. Nie chcą pracować Ten motyw jest wszędzie. Na przykład Chloe zaczyna kaszleć, gdy tylko ona i Colin przechodzą obok pracownika drogowego (rozdział 25);

- Zaprzeczanie więzom rodzinnym. Vian nigdy nie wspomina o rodzinie swojego bohatera. Nigdy nie wspomina się o rodzicach Colina, ale uważa się, że jego majątek pochodzi z dziedziczenia.

- Obalenie Kościoła. Ceremonia ślubu jest bardzo wymyślna i ostentacyjna, bardziej przypomina show lub karnawał niż uroczystą chwilę, a pogrzeb jest szokujący: jego wykonanie zależy od ceny, jaką Colin jest gotów zapłacić, a jest biedny;

- Obalenie administracji. "W innej gablocie duży mężczyzna w fartuchu rzeźnika dokonywał rzezi małych dzieci. Była to propagandowa gablota Pomocy Publicznej" (rozdział 13);

- Kompletna obojętność. Dwie osoby giną na lodowisku, a oba przypadki przedstawiane są jako frazesy. Podczas wesela dyrygentr spada z podestu i upada na ziemię. Nie jest to też szczególnie znaczące wydarzenie ("Dyrygent, który zbliżył się za bardzo do krawędzi, po prostu wpadł w przestrzeń, a zastępca dowódcy przejął grupę", rozdział 21).

PARODIA EGZYSTENCJALIZMU

Jean-Sol Partre, silna postać w opowiadaniu, reprezentuje Jeana-Paula Sartre'a, współczesnego Borysowi Vianowi (obaj autorzy faktycznie się znali) i pioniera egzystencjalizmu, jak już widzieliśmy.

Vian przedstawia go jako wielkiego wykładowcę, ale nie wyjaśnia treści swoich pism ani idei, które wyznaje. Podkreśla się powierzchowność Chicka. Zawsze chodzi na wykłady Partre'a, ale tak naprawdę nie słucha tego, co mówi. Kupuje wszystkie jego książki, ale nigdy ich nie czyta. Jego zainteresowanie Partre jest tylko powierzchowne. W ten sposób Vian piętnuje swoich współczesnych, którzy interesują się egzystencjalizmem, z czystego snobizmu.

POSTACIE OPISANE PRZEZ ICH DZIAŁANIA

W tej powieści Borysa Viana nie ma co szukać analizy psychologicznej, gdyż wszyscy bohaterowie potraktowani są w sposób behawiorystyczny: ich psychikę ujawniają gesty i działania. Dlatego też fabuła nie rozwija się w tym aspekcie. Ponadto bohaterowie nie mają przeszłości, a ich rodziny nigdy nie są wspominane; wszyscy oni (może z wyjątkiem Nicolasa) mają pewną czystość, niemalże młodzieńczą duszę;

👁 DODATKOWE INFORMACJE: BEHAWIORYZM

Behawioryzm to nurt w psychologii, który pojawił się na początku XX wieku w Stanach Zjednoczonych. Bada on podstawowy wpływ czynników środowiskowych na zachowanie jednostek.

POWIEŚĆ Z ELEMENTAMI AUTOBIOGRAFICZNYMI

Obecność licznych aluzji do jazzu (znaczenie utworu *Chloe* autorstwa Duke'a Ellingtona) oraz do motywu choroby to cechy, które odnoszą się bezpośrednio do życia Borisa Viana: oprócz działalności literackiej był on muzykiem jazzowym i od dzieciństwa cierpiał na chorobę serca, która zostaje tu przetransponowana w poetyckiej formie lilii wodnej.

DALSZA REFLEKSJA

KILKA PYTAŃ DO PRZEMYŚLENIA...

- Powieść, mimo swojej oryginalności i zawadiackiego świata, który opisuje, zawiera cechy autobiograficzne. Czym one są? Czy możemy zatem uznać, że jest to autobiografia?

- Boris Vian był również popularnym muzykiem w swoich czasach. Podkreśl aluzje do muzyki i spróbuj wyjaśnić ich rolę w powieści.

- *Froth on the Daydream* to utwór, w którym obecny jest humor. Jak to działa? Podkreśl główne elementy poddane parodii i szyderstwu.

- Boris Vian należał do ruchu odnowy literatury po II wojnie światowej. Jakie są główne cechy tego ruchu, które można odnaleźć w powieści?

- Świat opisany w powieści jest tworzony głównie za pomocą języka. W jaki sposób autor wykorzystuje to do ustanowienia "świata w języku"?

- Porównaj "Pianę *na jawie*" do *"Alicji w krainie czarów"* Lewisa Carrolla. Co łączy te dwie powieści?

- Niektórzy krytycy postrzegają Viana jako następcę ruchów awangardowych z okresu powojennego (dadaizm, surrealizm itp.). Wyjaśnij ten punkt widzenia.

- Porównaj "Mrożek w *dzień*" z "*Ojcem Goriot*" Balzaca. Czym różnią się te dwie powieści? Porównaj sposób podejścia do tematów i uniwersum w obu utworach. Czy nie mają one podobnych elementów "mise en abyme"?

- Choć humorystyczna i absurdalna, powieść jest jednak ostrą krytyką społeczeństwa. Jakie dominujące wartości społeczne stara się potępić ta opowieść?

- Opisz przedstawioną przez powieść parodię przeciwko egzystencjalizmowi. Jak można interpretować obsesję Chicka na punkcie Partrego?

PRZECZYTAJ TAKŻE

WYDANIE REFERENCYJNE

Vian, B. (1963) *L'Écume des jours*. Paris: Union Générale des Éditeurs.

BADANIA REFERENCYJNE

Gauthier, M. (1973) Piana na dzienniku. *Boris Vian. Analiza krytyczna*. Paris: Hatier.

Chcemy usłyszeć od Ciebie, co się dzieje!
Zostaw komentarz na temat swojej internetowej biblioteki
i podziel się swoimi ulubionymi książkami w mediach społecznościowych!

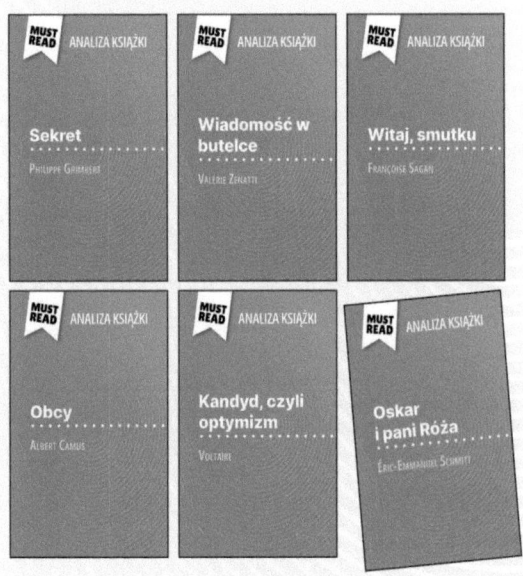

www.50minutes.com

Master ISBN: 9782808693936
Papierowy ISBN: 9782808615334
Depozyt prawny: D/2023/12603/1813

Verhaal: © Primento

Projekt cyfrowy: Primento, cyfrowy partner wydawców.